그림으로 쉽게 배우는
초등 필수 영단어

그림으로 쉽게 배우는

초등 필수
영단어

초판 1쇄 발행 | 2022년 10월 25일
초판 3쇄 발행 | 2024년 04월 25일
지은이 | 이규승, 이승원
디자인 | 윤영화
펴낸곳 | 도서출판 창
펴낸이 | 이규인
등록번호 | 제15-454호
등록일자 | 2004년 3월 25일
주소 | 서울특별시 마포구 대흥로4길 49, 1층(용강동 월명빌딩)
전화 | (02) 322-2686, 2687
팩스 | (02) 326-3218
홈페이지 | http://www.changbook.co.kr
e-mail | changbook1@hanmail.net
ISBN 978-89-7453-474-5   63740
정가 | 13,000원

MP3
홈페이지 자료실에서 다운 받으세요.

그림으로 쉽게 배우는
초등 필수
영단어

알파벳
A~Z까지

이규승·이승원 지음

교육부
지정

재미있는
영단어
게임 !!

꼭 필요한
생활
영단어 !!

창
Chang
Books

머리말

영어의 기본은 영단어입니다.

무조건 시간만 들여서 외운다고 외워질까요?

대부분의 학습서는 단순히 단어들을 나열한 뒤 반복해서 외우는 방식으로 되어 있습니다. 하루에 몇 개씩의 단어를 외운다고 하더라도 며칠이 지나면 외운 단어가 처음 보는 단어로 보일 때도 있고, 금방 지루함을 느낄 수도 있습니다. 그렇게 무작정 외우면 오히려 너무 일찍 흥미를 잃어버려서 영어를 싫어하게 될지도 모릅니다. 특히, 초등학생의 경우에는 영어를 재미있게 학습해야 좋은 학습효과를 얻을 수 있습니다. 초등학생의 영어학습은 우선 시각적인 효과를 크게 살려야 합니다. 그래서 이책은 단어를 학년별, 주제별로 분류한 후 재미있고 다양한 그림을 넣어서 학습에 재미를 주었습니다. 그리고 영어단어가 머리에 남을 수 있도록 같은 단어를 학년별로 반복해 다루었습니다.

영어 단어 공부는 한꺼번에 많이 공부하는 것보다 매일 꾸준히 하는 게 좋다는 건 널리 알려져 있습니다. 하루에 10개씩, 90일 동안 공부할 수 있는 이 책은 영어의 기초 다지기는 물론, 학습의 부담을 줄여주어 자연스런 공부습관을 들이게 해줄 것입니다.

이 책에 실린 영단어는 교육부 지정 '필수 초등 영어단어' 외에 초등학교 수준을 조금 웃도는 단어들도 포함되어 있어 어휘력을 더욱 풍부하게 해줍니다. 원어민 발음의 mp3를 활용하여 공부하다보면 영어와 친숙해져 어느덧 더 높은 수준의 영어 학습도 자연스레 받아들일 수 있을 것입니다.

이 책의 구성

- 단어를 주제별로 나누어 상황을 떠올리며 재미있게 공부할 수 있어요.

- 단어를 그림으로 보여주므로 상상력이 풍부해지고 이해력과 암기력이 생깁니다.

- 원어민선생님과 함께 잘 듣고 따라하며 정확한 발음과 억양을 익히세요.

1-2 학년 day, 3-4 학년 day, 5-6 학년 day
알파벳부터 발음기호, 악센트 등을 모두 익힌 기초를 바탕으로 영어단어를 그림과 함께 배워서 사용해 보세요. 또한 주제별로 되어 있어 쉽고 재미있습니다.

재미있는 영단어 게임

즐겁게 영어단어를 공부하면서 가장 효과적으로 머리에 남을 수 있도록 게임 문제를 통해서 풀도록 하였습니다.

한글영어발음
이름을 영어로 써보고 익히면 영어에 친밀감이 생기고 활용하는 방법을 배우게 됩니다.

찾아 보기
본문의 단어를 빠르게 찾을 수 있도록 알파벳 순으로 되어 있습니다.

차례

알파벳 익히기

★ 알파벳을 큰소리로 읽어보세요.

Aa 에이	**Bb** 비-	**Cc** 씨-	**Dd** 디-
Ee 이-	**Ff** 에프	**Gg** 쥐-	**Hh** 에이치
Ii 아이	**Jj** 제이	**Kk** 케이	**Ll** 엘
Mm 엠	**Nn** 엔	**Oo** 오우	**Pp** 피-
Qq 큐-	**Rr** 아-	**Ss** 에스	**Tt** 티-
Uu 유-	**Vv** 뷔-	**Ww** 더블유-	**Xx** 엑스
Yy 와이	**Zz** 지-		

Part 1

초등 필수
1-2 학년
〈교육부 지정〉

Family I 가족

family
[fǽməli] 패멀리
가족

grandparents
[grǽndpɛ̀ərənt] 그랜드페어런츠
조부모

grandfather
[grǽndfàːðər] 그랜드파—더
할아버지

grandmother
[grǽndmʌ̀ðər] 그랜드머더
할머니

parents
[pɛ́ərənt] 페어런츠
부모

father
[fάːðər] 파—더
아버지

mother
[mʌðər] 머더
어머니

brother
[brʌðə] 브러더
오빠, 형, 남동생(남자형제)

sister
[sístər] 씨스터
언니, 누나, 여동생(여자형제)

together
[təgéðər] 터게더
함께, 같이

11

Greeting 인사

hi
[hai] 하이
안녕

hello
[hǽlou] 헬로우
안녕하세요

bye
[bai] 바이
안녕, 잘 가

good
[gud] 굳
좋은

morning
[mɔ́ːrniŋ] 모-닝
아침, 오전

afternoon
[æftərnúːn] 앱터누ーㄴ
점심, 오후

evening
[íːvniŋ] 이ー브닝
저녁

night
[nait] 나이트
밤

fine
[fain] 파인
좋은, 맑은

okay
[óukéi] 오게이
좋아/괜찮아

Number Ⅰ 숫자

one
[wʌn] 원
하나의, 한 개

two
[tuː] 투-
둘의, 두 개

three
[θriː] 스리-
셋의, 세 개

four
[fɔːr] 포-
넷의, 네 개

five
[faiv] 파이브
다섯의, 다섯 개

six
[siks] 식스
여섯의, 여섯 개

seven
[sévən] 세븐
일곱의, 일곱 개

eight
[eit] 에잇
여덟의, 여덟 개

nine
[nain] 나인
아홉의, 아홉 개

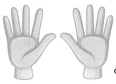

ten
[ten] 텐
열의, 열 개

I
[ai] 아이
나

you
[juː] 유-
너, 너희

he
[hiː] 히-
그

she
[ʃiː] 쉬-
그녀

we
[wiː] 위-
우리가, 우리는

they
[ðei] 데이
그들

it
[it] 잍
그것

this
[ðis] 디스
이것

that
[ðæt] 댇
저것

everyone
[évriwʌn] 에브리원
모든 사람, 누구나

Face 얼굴

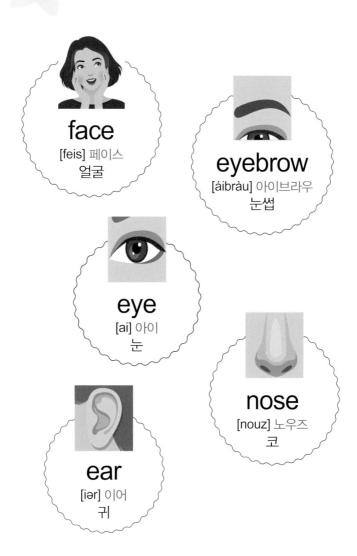

face
[feis] 페이스
얼굴

eyebrow
[áibràu] 아이브라우
눈썹

eye
[ai] 아이
눈

nose
[nouz] 노우즈
코

ear
[iər] 이어
귀

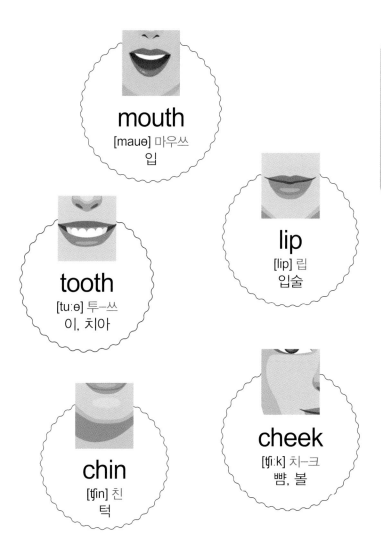

mouth
[mauθ] 마우쓰
입

lip
[lip] 립
입술

tooth
[tuːθ] 투－쓰
이, 치아

chin
[ʧin] 친
턱

cheek
[ʧiːk] 치－크
뺨, 볼

Body 몸·신체

hair
[hɛər] 헤어
머리카락

head
[hed] 헤드
머리

neck
[nek] 넥
목

shoulder
[ʃóuldər] 쇼울더
어깨

arm
[ɑːrm] 아―암
팔

hand
[hænd] 핸드
손

finger
[fíŋgər] 핑거
손가락

leg
[leg] 렉
다리

foot
[fut] 풋
발

toe
[tou] 토우
발가락

21

Pet 반려동물

pet
[pet] 펫
반려동물

dog
[dɔ:g] 도-ㄱ
개

cat
[kæt] 캩
고양이

rabbit
[rǽbit] 래빝
토끼

bird
[bə:rd] 버-드
새

fish
[fiʃ] 피쉬
물고기

turtle
[tə́ːrtl] 터-틀
거북이

frog
[frɔːg] 프로-ㄱ
개구리

snake
[sneik] 스네이크
뱀

hamster
[hǽmstər] 햄스터
햄스터

Food 음식

rice
[rais] 라이스
밥, 쌀밥

bread
[bred] 브레드
빵

jam
[dʒæm] 잼
잼

sandwich
[sǽndwitʃ] 샌드위치
샌드위치

cheese
[tʃi:z] 치-즈
치즈

butter
[bʌ́tər] 버터
버터

tea
[tiː] 티-
차

milk
[milk] 밀크
우유

water
[wɔ́ːtər] 워-터
물

juice
[dʒuːs] 쥬-스
주스

25

Fruit 과일

apple
[ǽpl] 애플
사과

pear
[pɛər] 페어
배

peach
[piːʧ] 피-취
복숭아

orange
[ɔ́ːrindʒ] 오-린쥐
오렌지

grape
[greip] 그레이프
포도

strawberry
[strɔ́ːbèri] 스트로-베리
딸기

banana
[bənǽnə] 버내너
바나나

kiwi
[kíːwi] 키-위
키위

lemon
[lémən] 레먼
레몬

watermelon
[wɔ́ːtərmèlən] 워-터멜런
수박

Vegetable 야채

tomato
[təméitou] 터메이토우
토마토

carrot
[kǽrət] 캐럳
당근

potato
[pətéitou] 퍼테이토우
감자

sweet potato
[swiːt pətéitou] 스윗-
퍼테이토우
고구마

corn
[kɔːrn] 콘-
옥수수

onion
[ʌ́njən] 어년
양파

bean
[biːn] 빈-
콩

cabbage
[kǽbidʒ] 캐비쥐
양배추

cucumber
[kjúːkʌmbər] 큐-컴버
오이

pumpkin
[pʌ́mpkin] 펌킨
호박

Farm animal 농장동물

horse
[hɔːrs] 호-스
말, (성장한) 수말

rooster
[rúːstər] 루-스터
수탉

hen
[hen] 헨
암탉

sheep
[ʃːp] 쉬-ㅍ
양

cow
[kau] 카우
암소, 젖소

goat
[gout] 고우트
염소

duck
[dʌk] 덕
오리

goose
[guːs] 구-스
거위

pig
[pig] 피그
돼지

mouse
[maus] 마우스
쥐, 생쥐

Wild animal

야생동물

tiger
[táigər] 타이거
호랑이

lion
[láiən] 라이언
사자

elephant
[éləfənt] 엘러펀트
코끼리

bear
[bɛər] 베어
곰

gorilla
[gərílə] 거릴러
고릴라

monkey
[mʌ́ŋki] 멍키
원숭이

alligator
[ǽligèitər] 앨리게이터
악어

wolf
[wulf] 울프
늑대

fox
[fɑːks] 팍－스
여우

zebra
[zíːbro] 지－브러
얼룩말

new
[nuː] 뉴―
새로운

ugly
[ʌ́gli] 어글리
못생긴

tall
[tɔːl] 톨―
키가 큰

fat
[fæt] 팻
뚱뚱한

pretty
[príti] 프리티
예쁜

beautiful
[bjúːtifəl] 뷰-티플
아름다운

heavy
[hévi] 헤비
무거운

light
[lait] 라이트
가벼운

bright
[brait] 브라이트
밝은

dark
[dɑːrk] 다-크
어두운

Color I 색깔

red
[red] 레드
빨간색의, 빨강

blue
[blu:] 블루-
파란색의, 파랑

yellow
[jélou] 옐로우
노란색의, 노랑

green
[gri:n] 그리-ㄴ
녹색, 녹색의

purple
[pə́:rpl] 퍼-플
보라색의, 보라

pink
[piŋk] 핑크
분홍색의, 분홍

brown
[braun] 브라운
갈색의, 갈색

gray
[grei] 그레이
회색, 회색의

black
[blæk] 블랙
검은색의, 검정

white
[hwait] 와이트
흰색의, 하양

Clothes I 옷

clothes
[klouz] 클로우즈
옷

shirt
[ʃəːrt] 셔ー트
셔츠, 와이셔츠

blouse
[blaus] 블라우스
블라우스

dress
[dres] 드레스
드레스, 옷을 입다

skirt
[skəːrt] 스커ー트
치마, 스커트

pants
[pænts] 팬츠
바지

jeans
[dʒiːnz] 진-즈
청바지

jacket
[dʒǽkit] 재킷
재킷

socks
[saks] 싹스
양말

shoes
[ʃuːz] 슈-즈
신발

Feelìng 감정

happy
[hǽpi] 해피
행복한

sad
[sæd] 새드
슬픈

glad
[glæd] 글래드
기쁜, 즐거운, 반가운

angry
[ǽŋgri] 앵그리
화가 난, 성난

bored
[bɔːrd] 보ー드
지루한

excited
[iksáitid] 익사이티드
신나는, 들뜬, 흥분한

sorry
[sári] 싸리
미안한

thank
[θæŋk] 쌩크
~에게 감사하다

love
[lʌv] 러브
사랑하다

hate
[heit] 헤이트
몹시 싫어하다, 미워하다

School I 학교

class
[klæs] 클래스
학급, 반

computer
[kəmpjú:tər] 컴퓨-터
컴퓨터

teacher
[tí:tʃər] 티-쳐
교사, 선생

student
[stjú:dənt] 스튜-던트
학생

friend
[frend] 프렌드
친구

blackboard
[blǽkbɔ̀ːrd] 블랙보−드
칠판

chalk
[tʃɔːk] 초−크
분필

desk
[desk] 데스크
책상

chair
[tʃɛər] 체어
의자

absent
[ǽbsənt] 앱선트
결석한

School supplies 학용품

bag
[bæg] 백
가방

pencil
[pénsl] 펜슬
연필

book
[buk] 북
책

textbook
[tékstbùk] 텍스트북
교과서

paper
[péipər] 페이퍼
종이

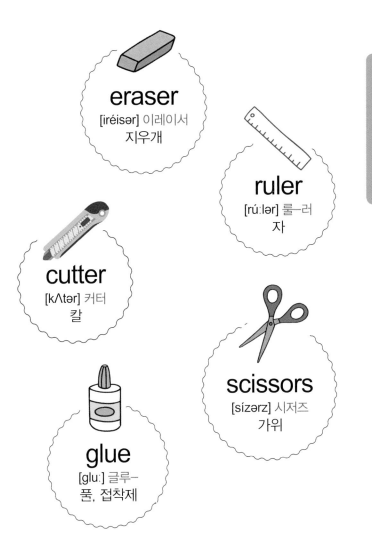

eraser
[iréisər] 이레이서
지우개

ruler
[rúːlər] 룰—러
자

cutter
[kʌtər] 커터
칼

scissors
[sízərz] 시저즈
가위

glue
[gluː] 글루—
풀, 접착제

Nature 자연

sun
[sʌn] 썬
해양, 해

moon
[muːn] 문ー
달

star
[staːr] 스타ー
별

sky
[skai] 스카이
하늘

mountain
[máuntən] 마운틴
산

land
[lænd] 랜드
땅, 육지

tree
[triː] 트리–
나무

river
[rívər] 리버
강

lake
[leik] 레이크
호수

sea
[siː] 씨–
바다

47

sunny

[sʌ́ni] 써니
맑은, 화창한

cloudy

[kláudi] 클라우디
흐린, 구름이 많은

foggy

[fɔ́ːgi] 포-기
안개가 낀

windy

[wíndi] 윈디
바람이 부는, 바람이 센

rainy

[réini] 레이니
비가 오는

snowy

[snóui] 스노위
눈이 내리는

storm
[stɔːrm] 스토-ㅁ
폭풍, 폭풍우

lightning

[láitniŋ] 라이트닝
번개

thunder
[θʌ́ndəːr] 선더-
천둥

rainbow

[réinbòu] 레인보우
무지개

cook
[kuk] 쿡
요리사

doctor
[dɑ́ktər] 닥터
의사

nurse
[nəːrs] 너-스
간호사

scientist
[sáiəntist] 사이언티스트
과학자

farmer
[fɑ́ːrmə] 파-머
농부

police officer
[pəlíːs ɔ́ːfisər] 폴리—스오—피서
경찰관

writer
[ráitər] 라이터
작가

artist
[ɑ́ːrtist] 아—티스트
예술가, 화가

musician
[mjuːzíʃən] 뮤—지션
음악가

model
[mɑ́dl] 마들
모델

Sport 스포츠, 운동

baseball
[béisbɔ̀ːl] 베이스보-ㄹ
야구

soccer
[sɑ́kər] 싸커
축구

volleyball
[vɑ́libɔ̀ːl] 발리볼-
배구

basketball
[bǽskitbɔ̀ːl] 배스킷보-ㄹ
농구

table tennis
[téibl ténis] 테이블 테니스
탁구

tennis
[ténis] 테니스
테니스

boxing
[báksiŋ] 박싱
권투, 복싱

inline skate
[ìnláin skeit] 인라인스케이트
인라인스케이트

skate
[skeit] 스케이트
스케이트를 타다

ski
[ski:] 스키-
스키를 타다

53

Transportation

교통 수단

road
[roud] 로우드
도로, 길

bicycle
[báisikəl] 바이시클
자전거

motorcycle
[móutərsàikl] 모우터싸이클
오토바이

car
[kɑːr] 카—
차, 자동차

bus
[bʌs] 버스
버스

truck
[trʌk] 트럭
트럭, 화물차

subway
[sʌ́bwèi] 섭웨이
지하철

ship
[ʃip] 쉽
배, 여객선

train
[trein] 트레인
기차, 열차

airplane
[ɛ́ərplèin] 에어플레인
비행기

55

House 집

house
[haus] 하우스
집

roof
[ruːf] 루-프
지붕

door
[dɔːr] 도-
문

window
[wíndou] 윈도우
창문

room
[ruːm] 룸-
방

living room
[líviŋrùːm] 리빙룸-
거실

bedroom
[bédrùːm] 베드룸-
침실

bathroom
[bǽθrùːm] 배쓰룸-
욕실

kitchen
[kítʃən] 키췬
부엌

elevator
[éləvèitər] 엘러베이터
승강기, 엘리베이터

curtain
[kə́ːrtn] 커-튼
커튼

sofa
[sóufə] 쏘우퍼
소파

table
[téibl] 테이블
탁자, 테이블

newspaper
[nuˈzpeiˌpər] 뉴즈페이퍼
신문

radio
[réidiòu] 레이디오우
라디오

television
[téləvìʒən] 텔러비전
텔레비전

telephone
[téləfòun] 텔러포운
전화기, 전화

picture
[píttʃər] 픽쳐
그림, 사진

clock
[klɑk] 클락
시계

floor
[flɔːr] 플로-어
바닥, 마루

59

bed
[bed] 베드
침대

pillow
[pílou] 필로우
베개

blanket
[blǽŋkit] 블랭킫
담요

lamp
[læmp] 램프
램프, 조명

closet
[klázit] 클라짓
옷장

drawer
[drɔ́ːər] 드로-어
서랍

carpet
[káːrpit] 카-핏
카펫, 양탄자

slipper
[slípər] 슬리퍼
실내화

photo
[fóutou] 포우토우
사진

fan
[fæn] 팬
선풍기

61

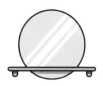

mirror
[mírər] 미러
거울

soap
[soup] 쏘웁
비누

shampoo
[ʃæmpúː] 샴푸-
샴푸

comb
[koum] 콤
빗, 빗다

toothbrush
[túːθbrʌ̀ʃ] 투-스브러쉬
칫솔

toothpaste
[túːθpèist] 투-스페이스트
치약

bathtub
[bǽθtʌ̀b] 배스텁
욕조

toilet
[tɔ́ilit] 토일릿
변기

shower
[ʃáuər] 샤워
샤워, 샤워기

towel
[táuəl] 타월
수건, 타월

Kìtchen 부엌

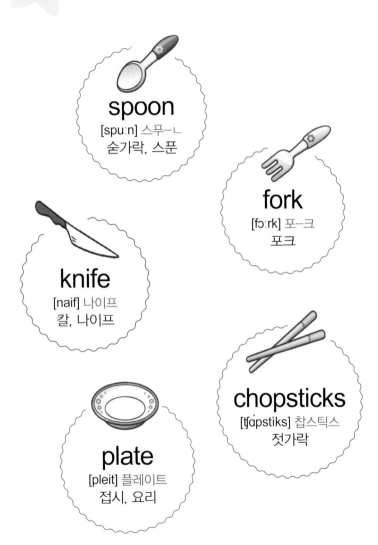

spoon
[spuːn] 스푸-ㄴ
숟가락, 스푼

fork
[fɔːrk] 포-크
포크

knife
[naif] 나이프
칼, 나이프

chopsticks
[tʃɑ́pstiks] 찹스틱스
젓가락

plate
[pleit] 플레이트
접시, 요리

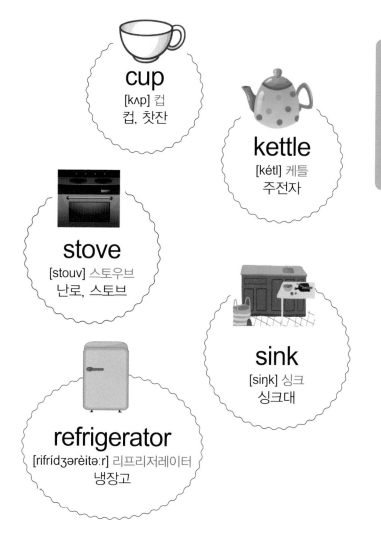

cup
[kʌp] 컵
컵, 찻잔

kettle
[kétl] 케틀
주전자

stove
[stouv] 스토우브
난로, 스토브

sink
[siŋk] 싱크
싱크대

refrigerator
[rifrídʒərèitəːr] 리프리저레이터
냉장고

ball
[bɔːl] 볼—
공

doll
[dɑl] 달
인형

toy
[tɔi] 토이
장난감, 완구

box
[baks] 박스
박스, 박스

ribbon
[ríbən] 리번
리본, 띠

umbrella
[ʌmbrélə] 엄브렐러
우산

key
[ki:] 키—
열쇠, 키

vase
[veis] 베이스
꽃병, 병

glasses
[glǽsiz] 글래시즈
안경

ring
[rin] 링
반지, 고리

go
[gou] 고우
가다

come
[kʌm] 컴
오다

meet
[mi:t] 미-트
만나다

stop
[stɑ:p] 스타-ㅂ
멈추다, 중지하다

stand
[stænd] 스탠드
서다, 서 있다

sit
[sit] 씨트
앉다

open
[óupən] 오우펀
열다

close
[klouz] 클로우즈
닫다

like
[laik] 라이크
~을 좋아하다

have
[hæv] 해브
가지다, 먹나

재미있는 영단어 게임

A 다음 그림을 보고 단어의 첫 알파벳에 동그라미 하세요.

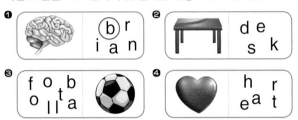

B 대문자는 소문자와 소문자는 대문자와 연결한 다음 따라 써 보세요.

C 다음 그림을 보고 빈칸과 단어를 올바르게 연결하세요.

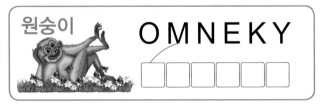

원숭이

O M N E K Y

Part 2

초등 필수
3-4 학년
〈교육부 지정〉

Family Ⅱ 가족

husband
[hʌzbənd] 허즈번드
남편

wife
[waif] 와이프
아내

son
[sʌn] 썬
아들

daughter
[dɔ́ːtər] 도-터
딸

uncle
[ʌ́ŋkl] 엉클
삼촌

aunt
[ænt] 앤트
고모, 이모, 숙모

cousin
[kʌ́zn] 커즌
사촌

nephew
[néfjuː] 네퓨-
조카(남자)

niece
[niːs] 니-스
조카(여자)

live
[liv] 리브
살다

People 사람들

baby
[béibi] 베이비
아기

child
[tʃaild] 차일드
어린이

boy
[bɔi] 보이
소년

girl
[gəːrl] 거―얼
소녀

man
[mæn] 맨
남자

woman
[wúmən] 우먼
여자

gentleman
[dʒéntlmən] 젠틀먼
신사

lady
[léidi] 레이디
숙녀

person
[pə́ːrsn] 퍼—슨
사람

people
[píːpl] 피—플
사람들

75

Number Ⅱ 숫자

eleven
[ilévən] 일레븐
열하나

twelve
[twelv] 트웰브
열둘

thirteen
[θə̀ːrtíːn] 서-틴-
열셋

fourteen
[fɔ́ːrtíːn] 포-틴-
열넷

fifteen
[fíftíːn] 피프틴-
열다섯

sixteen

[síkstíːn] 식스틴–
열여섯

seventeen

[sév-əntíːn] 세븐틴–
열일곱

eighteen

[éitíːn] 에이틴–
열여덟

nineteen

[náintíːn] 나인틴–
열아홉

twenty

[twénti] 트웬티
스물

Feelìng II 감정

great
[greit] 그레이트
큰, 거대한, 기쁜

bad
[bæd] 배드
불쾌한, 나쁜

scared
[skɛəːrd] 스케어-드
겁이 난, 무서운

worry
[wə́ːri] 워-리
걱정하다

need
[niːd] 니-드
~을 필요로 하다

joyful
[dʒɔ́ifəl] 죠이플
즐거운

upset
[ʌpsét] 업셋
화가 난

thirsty
[θə́ːrsti] 써ー스티
목이 마른

hungry
[hʌ́ŋgri] 헝그리
배고픈

tired
[taiərd] 타이어드
피곤한

classroom
[klǽsrùːm] 클래스룸–
교실

classmate
[klǽsmèit] 클래스메이트
반친구, 급우

lesson
[lésn] 레슨
수업, 과목

homework
[houmwə̀ːrk] 호움워–크
숙제

test
[test] 테스트
시험

study

[stʌdi] 스터디
공부하다

teach
[tiːtʃ] 티-취
~을 가르치다

learn
[ləːrn] 런-
~을 배우다

read
[riːd] 리-드
~을 읽다

write
[rait] 라이트
~을 쓰다

Korean
[kərí:ən] 커리-언
국어, 한국어

English
[íŋgliʃi] 잉글리쉬
영어

math
[mæθ] 매스
수학

science
[sáiəns] 사이언스
과학

art
[ɑ:rt] 아-트
미술, 예술

music
[mjúːzik] 뮤―직
음악

history
[hístəri] 히스터리
역사

geography
[dʒiágrəfi] 쥐아그러피
지리

sport
[spɔːrt] 스포―트
스포츠, 운동

health
[helə] 헬쓰
보건, 건강

Math 수학

number
[nʌ́mbər] 넘버
번호, 수

plus
[plʌs] 플러스
더하여

minus
[máínəs] 마이너스
~을 뺀

once
[wʌns] 원스
한 번

twice
[twais] 트와이스
두 번

zero
[zí-ərou] 지어로우
영, 0

hundred
[hʌ́ndrəd] 헌드러드
백, 100

thousand
[θáuz-ənd] 사우전드
천, 1000

some
[sʌ́m] 썸
약간의

a lot of
[ə la:t ʌv] 어 라ㅡ트 우브
많은

rocket
[rɔ́kit] 로킫
로켓

robot
[róubət] 로우벋
로봇

graph
[græf] 그래프
그래프

plant
[plænt] 플랜트
식물

laboratory
[lǽbərətɔ̀ːri] 래버러토-리
실험실

insect
[ínsekt] 인섹트
곤충, 벌레

earth
[əːrθ] 어-쓰
지구

air
[ɛər] 에어
공기, 대기

3~4 학년

stone
[stoun] 스토운
돌

fire
[faiər] 파이어
불

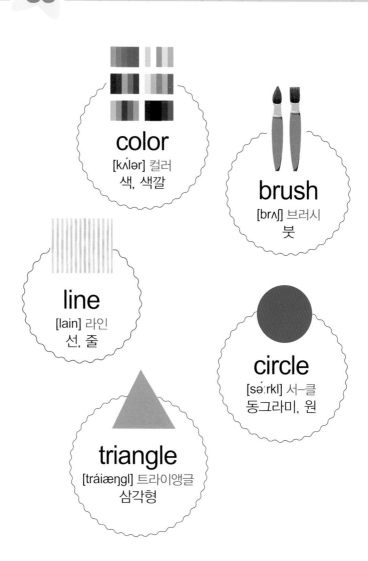

color
[kʌ́lər] 컬러
색, 색깔

brush
[brʌʃ] 브러시
붓

line
[lain] 라인
선, 줄

circle
[sə́ːrkl] 서–클
동그라미, 원

triangle
[tráiæŋgl] 트라이앵글
삼각형

square
[skwɛər] 스퀘어
정사각형, 사각

draw
[drɔ:] 드로—
~을 그리다

paint
[peint] 페인트
색칠하다,
페인트칠하다

make
[meik] 메이크
~을 만들다

cut
[kʌt] 커트
~을 자르다

Musìc 음악

piano
[piǽnou] 피애노우
피아노

guitar
[gitá:r] 기타—
기타(악기)

drum
[drʌm] 드럼
드럼

violin
[vàiəlín] 바이얼린
바이올린

cello
[tʃélou] 첼로우
첼로

flute
[fluːt] 플루–트
플루트

trumpet
[trʌ́mpit] 트럼핏
트럼펫

3~4 학년

play
[plei] 플레이
연주하다

sing
[siŋ] 싱
노래하다

listen
[lísn] 리슨
~을 듣다

Hobby 취미

favorite
[féivərit] 페이버릳
가장 좋아하는

hobby
[hάbi] 하비
취미

cooking
[kúkiŋ] 쿠킹
요리

movie
[múːvi] 무–비
영화

dance
[dæns] 댄스
춤, 춤추다

camera
[kǽmərə] 캐머러
사진기, 카메라

kite
[kait] 카이트
연

badminton
[bǽdmintən] 배드민턴
배드민턴

jogging
[dʒɑ́giŋ] 자깅
조깅, 달리기

travel
[trǽvl] 트래블
여행, 여행하다

Meal 식사

breakfast
[brékfəst] 브렉퍼스트
아침 식사

lunch
[lʌntʃ] 런취
점심 식사

dinner
[dínər] 디너
저녁 식사

egg
[eg] 에그
달걀, 알

salad
[sǽləd] 샐러드
샐러드

delicious
[dilíʃəs] 딜리셔스
맛있는

sweet
[swi:t] 스위—트
달콤한

bitter
[bítər] 비터
쓴

drink
[driŋk] 드링크
~을 마시다

eat
[i:t] 이—트
~을 먹다

3~4 학년

can
[kæn] 캔
깡통, 캔

board
[bɔːrd] 보-드
널빤지, 판자

piece
[piːs] 피-스
조각, 부분

glove
[glʌv] 글러브
장갑

bat
[bæt] 밷
방망이, 배트

album
[ǽlbəm] 앨범
앨범, 사진첩

crayon
[kréiən] 크레이언
크레용

3~4 학년

candy
[kǽndi] 캔디
사탕

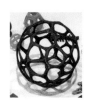

plastic
[plǽstik] 플래스틱
플라스틱, 비닐의

block
[blɑk] 블락
덩어리, 블록

Flower

꽃

root
[ru:t] 루-트
뿌리

seed
[si:d] 시-드
씨앗

stem
[stem] 스템
(식물의) 줄기

leaf
[li:f] 리-프
나뭇잎

flower
[fláuər] 플라워
꽃

sunflower
[sʌ́nflàuər] 선플라워
해바라기

rose
[rouz] 로우즈
장미

tulip
[tjúːlip] 튤—립
튤립

lily
[líli] 릴리
백합

grow
[grou] 그로우
성장하다, 자라다

giraffe
[dʒəǽf] 쥐래프
기린

kangaroo
[kæŋgərúː] 캥거루–
캥거루

cheetah
[tʃíːtə] 취–터
치타

iguana
[igwáːnə] 이그와–너
이구아나

deer
[diər] 디어
사슴

camel

[kǽməl] 캐멀
낙타

panda

[pǽndə] 팬더
판다

owl

[aul] 아울
올빼미, 부엉이

ostrich

[ɔ́(:)stritʃ] 오-스트리치
타조

penguin

[péŋgwin] 펭귄
펭귄

Sea animal

바다동물

whale
[weil] 웨일
고래

shark
[ʃɑːrk] 샤-크
상어

dolphin
[dálfin] 달핀
돌고래

seal
[siːl] 실-
물개, 바다표범

squid
[skwid] 스퀴드
오징어

octopus
[άktəpəs] 악터퍼스
문어

crab
[kræb] 크랩
게

lobster
[lάbstər] 랍스터
바닷가재

starfish
[stάːrfiʃ] 스타−피쉬
불가사리

shrimp
[ʃrimp] 쉬림프
새우

butterfly
[bʌ́tərflài] 버터플라이
나비

bee
[biː] 비-
벌

dragonfly
[drǽɡənflài] 드래건플라이
잠자리

beetle
[bíːtl] 비-틀
딱정벌레

ladybug
[léidi bʌg] 레이디버그
무당벌레

ant
[ænt] 앤트
개미

grasshopper
[græs-hὰpər] 그래스하퍼
메뚜기

fly
[flai] 플라이
파리

mosquito
[məskí:tou] 모스키-토우
모기

spider
[spáidər] 스파이더
거미

Job Ⅱ 직업

president
[prézidənt] 프레지던트
대통령

astronaut
[ǽstrənɔ̀:t]
애스트러노-트
우주비행사

singer
[síŋər] 씽어
가수

dancer
[dǽnsər] 댄서
무용가

firefighter
[faiər fáitər] 파이어파이터
소방관

reporter
[ripɔ́ːrtər] 리포-터
기자, 리포터

businessman
[bíznismæ̀n] 비즈니스맨
사업가

driver
[dráivər] 드라이버
운전사

actor
[ǽktər] 액터
배우

lawyer
[lɔ́ːjəːr] 로-이어-
변호사

3~4 학년

calendar
[kǽlindər] 캘린더
달력

date
[deit] 데이트
날짜

second
[sék-ənd] 세컨드
초

minute
[mínit] 미닛
분

hour
[áuər] 아우어
시간

day
[dei] 데이
날, 하루, 낮

week
[wiːk] 위-크
주

month
[mʌnθ] 먼스
달, 월

season
[síːzn] 씨-즌
계절

year
[jiəːr] 이어
년

3~4학년

109

Monday
[mʌ́ndi] 먼디
월요일

Tuesday
[tjúːzdi] 튜-즈디
화요일

Wednesday
[wénzdi] 웬즈디
수요일

Thursday
[θə́ːrzdi, -dei] 서-스디
목요일

Friday
[fráidi] 프라이디
금요일

Saturday

[sǽtəːrdi] 세터-디
토요일

Sunday

[sʌ́ndi] 선디
일요일

weekend

[wíːkènd] 위-켄드
주말

work

[wəːrk] 웍-ㅋ
일하다

rest

[rest] 레스트
휴식, 쉬다

January
[dʒǽnjuèri] 제뉴에리
1월

February
[fébruèri] 페브루어리
2월

March
[mɑːrtʃ] 마ー치
3월

April
[éiprəl] 에이프럴
4월

May
[mei] 메이
5월

June
[dʒuːn] 준ー
6월

July

[dʒuːlái] 줄-라이
7월

August

[ɔ́ːgəst] 어-거스트
8월

September

[səptémbər] 셉템버
9월

October

[ɑktóubər] 악토우버
10월

November

[nouvémbəːr] 노우벰버-
11월

December

[dɪsémbəɹ] 디셈버
12월

spring
[spriŋ] 스프링
봄

summer
[sʌ́mər] 써머
여름

autumn
[ɔ́ːtəm] 오-텀
가을

winter
[wíntər] 윈터
겨울

holiday

[hάlədèi] 할러데이
휴가, 공휴일

vacation

[veikéiʃən] 베이케이션
방학, 휴가

fine dust

[fain dʌst] 파인 더스트
미세먼지

freeze

[frí:z] 프리-즈
얼다

in front of
[in frʌnt ʌv] 인 프런트 오브
~의 앞에

behind
[biháind] 비하인드
~의 뒤에

top
[tap] 탑
꼭대기

next to
[nekst tu] 넥스트 투
~의 옆에

middle
[mídl] 미들
중간, 한가운데

corner
[kɔ́ːrnər] 코-너
모퉁이, 구석

bottom
[bɑ́təm] 바텀
밑바닥

end
[end] 엔드
끝, 마지막

here
[hiər] 히어
이곳, 여기에

there
[ðɛ́ər] 데어
그곳, 거기에

117

store
[stɔːr] 스토-어
가게, 상점

restaurant
[réstərənt] 레스터런트
식당, 음식점

bakery
[béikəri] 베이커리
빵집, 제과점

church
[tʃəːtʃ] 쳐-취
교회

library
[láibrèri] 라이브레리
도서관

hospital
[háspitl] 하스피틀
병원

drugstore
[drʌ́gstɔ̀:r] 드럭스토-어
약국

theater
[θíːətər] 씨-어터
극장, 영화관

bank
[bæŋk] 뱅크
은행

post office
[póustɔ̀:fis] 포우스트 오-피스
우체국

3~4학년

119

building
[bíldiŋ] 빌딩
건물, 빌딩

pool
[puːl] 푸-울
수영장

town
[taun] 타운
마을

park
[pɑːrk] 파-크
공원

company
[kʌ́mpəni] 컴퍼니
회사

airport
[ɛ́ərpɔ̀ːrt] 에어포-트
공항, 비행장

factory
[fǽktəri] 팩터리
공장

museum
[mjuːzíːəm] 뮤-지-엄
박물관

zoo
[zuː] 주-
동물원

police station
[pəlíːs stéiʃ-ən] 펄리-스 스테이션
경찰서

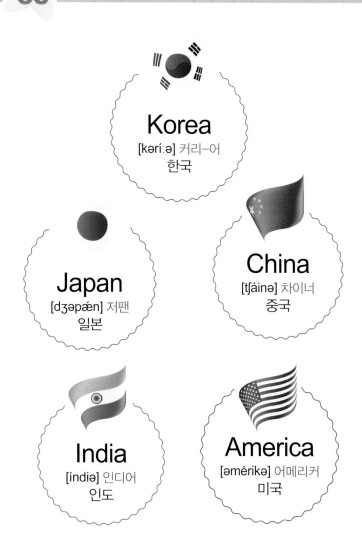

Korea
[kəríːə] 커리-어
한국

Japan
[dʒəpǽn] 저팬
일본

China
[tʃáinə] 차이너
중국

India
[índiə] 인디어
인도

America
[əmérikə] 어메리커
미국

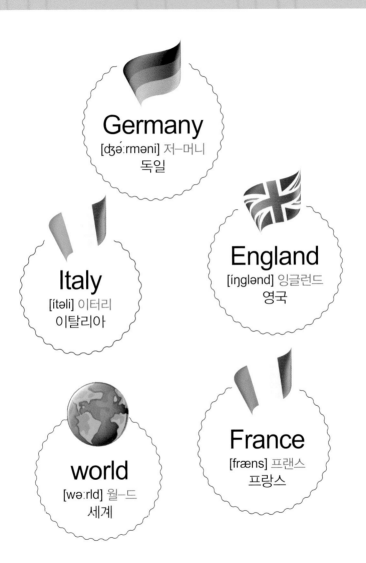

Germany
[dʒə́ːrməni] 저-머니
독일

Italy
[ítəli] 이터리
이탈리아

England
[íŋglənd] 잉글런드
영국

world
[wəːrld] 월-드
세계

France
[fræns] 프랜스
프랑스

3~4학년

123

Castle 성

kingdom
[kíŋdəm] 킹덤
왕국

king
[kiŋ] 킹
왕

queen
[kwiːn] 퀴-ㄴ
여왕

prince
[prins] 프린스
왕자

princess
[prínsis] 프린시스
공주

flag
[flæg] 플래그
깃발

gate
[geit] 게이트
문

wall
[wɔːl] 월-
벽

stair
[stɛər] 스테어
계단

garden
[gɑːrdn] 가-든
정원

Clothes Ⅱ 옷

cap
[kæp] 캡
모자

belt
[belt] 벨트
허리띠, 벨트

vest
[vest] 베스트
조끼

sweater
[swétər] 스웨터
스웨터

coat
[kout] 코우트
코트

button
[bʌ́tn] 버튼
단추, 버튼

pocket
[pákit] 파킫
주머니

shorts
[ʃɔːrts] 쇼-츠
반바지

boots
[buːts] 부-츠
부츠, 장화

wear
[wɛər] 웨어
입다

127

Look Ⅱ 모습

young

[jʌŋ] 영
젊은

old

[ould] 오울드
나이 든

weak

[wiːk] 위ー크
약한

strong

[strɔːŋ] 스트롱ー
튼튼한

hard

[haːrd] 하ー드
단단한, 어려운

soft
[sɔːft] 소-프트
부드러운

dirty
[də́rti] 더-티
더러운

clean
[kliːn] 클린-
깨끗한

thick
[θik] 딕
두꺼운

thin
[θin] 씬
얇은

start
[stɑːrt] 스타-트
시작하다, 시작되다

finish
[fíniʃ] 피니쉬
~을 끝내다, 끝마치다

move
[muːv] 무-브
~을 움직이다, 옮기다

continue
[kəntínjuː] 컨티뉴-
계속하다

call
[kɔːl] 콜-
부르다, 전화하다

walk
[wɔːk] 웍―
걷다, 산책하다

ride
[raid] 라이드
~을 타다

put
[put] 풋
~을 놓다, 두다

fall
[fɔːl] 포―ㄹ
떨어지다, 넘어지다

help
[help] 헬프
~을 돕다

131

2 재미있는 영단어 게임

A 대문자에 맞는 소문자, 소문자에 맞는 대문자를 써 보세요.

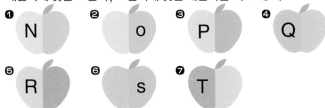

❶ N ❷ o ❸ P ❹ Q

❺ R ❻ S ❼ T

B 빈 칸에 들어갈 알맞은 알파벳 글자를 써 보세요.

❶ 오트밀

| | a | t | m | e | | l |

❷ 피망

| | e | p | p | e | r |

❸ 양

| | h | e | e | p |

❹ 토마토

| | o | m | | t | o |

C 다음 그림을 보고 빈칸과 단어를 올바르게 연결하세요.

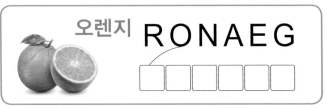

오렌지 RONAEG

| | | | | | |

Part 3

초등 필수
5-6 학년
〈교육부 지정〉

dish
[diʃ] 디쉬
요리, 접시

meat
[miːt] 미-트
고기

soup
[suːp] 쑤-프
수프

beef
[biːf] 비-프
소고기

chicken
[tʃíkin] 치킨
닭고기, 닭

sugar
[ʃúgər] 슈거
설탕

salt
[sɔːlt] 솔―트
소금

pepper
[pépər] 페퍼
후추

waiter
[wéitər] 웨이터
종업원, 웨이터

pay
[pei] 페이
지불하다

Market 시장

market
[mάːrkit] 마-킫
시장

shop
[ʃɑp] 샵
상점, 가게

item
[άitəm] 아이텀
물품, 상품

choose
[tʃuːz] 츄-즈
~을 고르다, 선택하다

price
[prais] 프라이스
값, 가격

$9,99

free
[fri:] 프리-
무료의, 자유로운

cheap
[tʃiːp] 치-프
값이 싼, 저렴한

expensive
[ikspénsiv] 익스펜시브
비싼, 고가의

buy
[bai] 바이
~을 사다, 구입하다

sell
[sel] 셀
~을 팔다

invite
[inváit] 인바이트
초대하다

cake
[keik] 케익
케이크

candle
[kǽndl] 캔들
초, 양초

gift
[gift] 기프트
선물

age
[eidʒ] 에이쥐
나이

celebrate
[séləbrèit] 셀러브레이트
축하하다

visit
[vízit] 비짙
방문하다

bring
[briŋ] 브링
~을 가져오다

surprise
[səpráiz] 서프라이즈
놀라다, 놀람

laugh
[læf] 레프
웃다

Shape 모양

big
[big] 빅
큰, 커다란

small
[smɔːl] 스모ーㄹ
작은

long
[lɔːŋ] 로ー○
긴

short
[ʃɔːrt] 쇼ー트
짧은, 키가 작은

wide
[waid] 와이드
넓은, 폭이 넓은

narrow
[nǽrou] 네로우
좁은, 폭이 좁은

same
[seim] 세임
같은, 똑같은

oval
[óuvəl] 오벌
타원형의, 타원형

rectangular
[rektǽŋgjələːr] 렉텡귤러
직사각형

cylinder
[silɪndər] 실린디
원통, 원기둥

correct
[kərékt] 커렉트
올바른, 옳은

wrong
[rɔ́ːŋ] 롱-
틀린, 잘못된

think
[θiŋk] 씽크
~을 생각하다

guess
[ges] 게스
추측하다

forget
[fərgét] 퍼겟
~을 잊다

remember
[rimémbər] 리멤버
~을 기억하다

plan
[plæn] 플랜
계획, 계획하다

hope
[houp] 호웁
희망, 기대

dream
[dri:m] 드림-
꿈, 희망, 꿈꾸다

know
[nou] 노우
~을 알다

5~6학년

143

Health 건강

sick
[sik] 식
병이 난, 아픈

hurt
[həːrt] 허-트
아프다, 다치다

fever
[fíːvər] 피-버
열

cough
[kɔ(ː)f] 코-프
기침

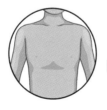

chest
[tʃest] 체스트
가슴

stomach
[stʌ́mək] 스터먹
위

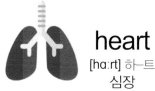

heart
[hɑːrt] 하−트
심장

medicine
[médəs-ən] 메더선
약

life
[laif] 라이프
삶, 생명

die
[dai] 다이
죽다

5~6 학년

Mountain 산

wood
[wud] 우드
나무, 목재

rock
[rak] 락
돌, 바위

hill
[hil] 힐
언덕

pond
[pand] 판드
연못

waterfall
[wɔˈtərfɔˌl] 워–터폴–
폭포

sign

[sain] 사인
표지판

peak

[piːk] 피-크
봉우리, 정상

echo

[ékou] 에코우
메아리

forest

[fɔ́ːrist] 포-리스트
숲

climb
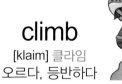

[klaim] 클라임
오르다, 등반하다

Camping

캠핑, 야영

group
[gruːp] 그룹—
집단, 무리

map
[mæp] 맵
지도

tent
[tent] 텐트
텐트

flashlight
[flæʃlàit] 플래시라이트
손전등

pot
[pɑt] 팟
냄비

site
[sait] 사이트
장소

grass
[græs] 그래스
잔디

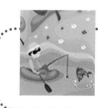

enjoy
[indʒɔ́i] 인조이
~을 즐기다

leave
[liːv] 리-브
떠나다

arrive
[əráiv] 어라이브
도착하다

Condition 상태

quick
[kwik] 퀵
빠른

slow
[slou] 슬로우
느린

high
[hai] 하이
높은

low
[lou] 로우
낮은

quiet
[kwáiət] 콰이엍
조용한

noisy
[nɔ́izi] 노이지
시끄러운

easy
[íːzi] 이—지
쉬운

difficult
[dífikʌlt] 디피컬트
어려운

dry
[drai] 드라이
마른, 건조한

wet
[wet] 웬
젖은

wake
[weik] 웨이크
일어나다

exercise
[éksərsàiz] 엑서사이즈
운동, 연습하다

wash
[wɑːʃ] 와-쉬
~을 씻다

hurry
[hə́ːri] 허-리
서두르다

say
[sei] 세이
말하다

do
[du:] 두－
하다

drive
[draiv] 드라이브
운전하다

get
[get] 겥
얻다

use
[ju:s] 유－스
~을 사용하다

sleep
[sli:p] 슬리－ㅍ
자다

5~6 학년

pilot
[páilət] 파일럳
조종사

passenger
[pǽsəndʒər] 패선저
승객

crew
[kruː] 크루-
승무원

seat
[siːt] 씨-트
좌석

passport
[pǽspɔ̀ːrt] 패스포-트
여권

ticket
[tíkit] 티킫
표, 입장권

suitcase
[súːtkèis] 수ー트케이스
여행가방

wing
[wiŋ] 윙
날개

runway
[rʌ́nwèi] 런웨이
활주로

fly
[flai] 플라이
비행하다, 날다

station
[stéiʃən] 스테이션
역, 정거장

snack
[snæk] 스낵
간식,스낵

game
[geim] 게임
게임, 경기

street
[striːt] 스트리―트
거리

bridge
[bridʒ] 브릿쥐
다리

city
[síti] 시티
도시

country
[kʌ́ntri] 컨트리
시골, 나라

wait
[weit] 웨이트
기다리다

begin
[bigín] 비긴
시작하다, 시작되다

stay
[stei] 스테이
머무르다

hat
[hæt] 햍
모자

sunglasses
[sʌ́nglæsiz] 선글래시즈
선글라스

sunscreen
[sʌ́nskrìːn] 선스크린–
자외선 차단제

bottle
[bάtl] 바틀
병

sand
[sænd] 샌드
샌드

ocean
[óuʃən] 오우션
바다

wave
[weiv] 웨이브
파도

break
[breik] 브레이크
휴식시간, 쉼

lie
[lai] 라이
눕다, 거짓말하다

swim
[swim] 스윔
수영하다

Personality 성격

curious
[kjúəriəs] 큐리어스
궁금한, 호기심 많은

brave
[breiv] 브레이브
용감한, 씩씩한

shy
[ʃai] 샤이
수줍어하는

careful
[kɛərfəl] 케어펄
주의 깊은, 조심성 있는

honest
[ánist] 아니스트
정직한

polite
[pəláit] 펄라이트
예의바른

kind
[kaind] 카인드
친절한

funny
[fʌ́ni] 퍼니
재미있는

smart
[smɑːrt] 스마ー 트
똑똑한, 영리한

foolish
[fúːliʃ] 풀ー리쉬
어리석은

Sense 감각

see
[siː] 씨-
~을 보다

hear
[hiər] 히어
~을 듣다

smell
[smel] 스멜
냄새, ~한 냄새가 나다

taste
[teist] 테이스트
맛, ~한 맛이 나다

feel
[fiːl] 필-
느끼다

touch
[tʌtʃ] 터취
촉각,～을 만지다

hot
[hat] 할
뜨거운, 더운

cold
[kould] 코울드
차가운, 추운

warm
[wɔːrm] 워–엄
따뜻한

cool
[kuːl] 쿨–
시원한

5~6 학년

slide
[slaid] 슬라이드
미끄럼틀

swing
[swiŋ] 스윙
그네

hide
[haid] 하이드
숨다, ~을 숨기다

find
[faind] 파인드
~을 찾다

jump
[dʒʌp] 점프
뛰다, 뛰어오르다

shout
[ʃaut] 샤우트
외치다, 소리치다

throw
[θrou] 쓰로우
~을 던지다

catch
[kætʃ] 캐취
~을 잡다

hit
[hit] 힡
~을 치다, 때리다

kick
[kik] 킥
~을 발로 차다

Park 공원

picnic
[píknik] 피크닉
소풍

bench
[bentʃ] 벤취
벤치, 긴의자

fountain
[fáuntin] 파운틴
분수, 분수대

trash can
[træʃ kæn] 트래쉬캔
쓰레기통

balloon
[bərúːn] 버룬-
풍선

field
[fiːld] 필-드
들판

kid
[kid] 키드
아이

run
[rʌn] 런
달리다, 뛰다

smile
[smail] 스마일
미소를 짓다

relax
[rilǽks] 릴랙스
쉬다, 긴장을 풀다

5~6 학년

Exercise 운동

gym
[ʤim] 짐
체육관

sportswear
[spɔ́ːrtswè‚r] 스포-츠웨어
운동복

mat
[mæt] 매트
매트

warm-up
[wɔ́ːrmʌp] 워-ㅁ업
준비운동

roll
[roul] 로울
구르다

jump rope
[dʒʌmp roup] 점프 로우프
줄넘기, 줄넘기하다

ready
[rédi] 레디
준비가 된

turn
[təːrn] 터–언
돌다

push
[puʃ] 푸쉬
~을 밀다, 찌르다

5~6 학년

pull
[pul] 풀
~을 잡아당기다, 끌어당기다

early
[ə́ːrli] 어-리
일찍

late
[leit] 레이트
늦게

noon
[nuːn] 눈-
정오, 낮2시

tonight
[tənáit] 터나잍
오늘밤

today
[tədéi] 터데이
오늘

tomorrow

[təmɔ́ːrou] 터모-로우
내일

yesterday

[jéstərdèi] 예스터데이
어제

past

[pæst] 패스트
과거

present

[préznt] 프레즌트
현재, 선물

future

[fjúːtʃər] 퓨-처
미래

171

left
[left] 레프트
왼쪽

right
[rait] 라이트
오른쪽

straight
[streit] 스트레이트
똑바로

away
[əwéi] 어웨이
떨어져, 멀리

up
[ʌp] 업
위로

down
[daun] 다운
아래로

east
[iːst] 이-스트
동쪽

west
[west] 웨스트
서쪽

south
[sauθ] 싸우쓰
남쪽

north
[nɔːrθ] 노-쓰
북쪽

first
[fə:rst] 퍼—스트
첫번째의

second
[sék-ənd] 세컨드
두번째의

third
[θə:rd] 서—드
세번째의

fourth
[fɔ:rθ] 포—쓰
네번째의

fifth
[fifθ] 피프쓰
다섯번째의

sixth
[siksə] 식스스
여섯번째의

seventh
[sév-ənə] 세번스
일곱번째의

eighth
[eitə] 에잇스
여덟번째의

ninth
[nainə] 나인스
아홉번째의

tenth
[tenə] 텐스
열번째의

fur
[fəːr] 퍼-
털

tail
[teil] 테일
꼬리

beak
[biːk] 비-ㅋ
부리

fin
[fin] 핀
지느러미

home
[houm] 호움
집, 가정

special
[spéʃəl] 스페셜
특별한

cute
[kjuːt] 큐―트
귀여운

want
[wɔːnt] 워―ㄴ트
~을 원하다

keep
[kiːp] 키―프
(동물을)기르다, 키우다

feed
[fiːd] 피―드
~에게 먹이를 주다

communicate

[kəmjúːnəkèit] 커뮤-너케이트
대화를 하다

problem

[prábləm] 프라블럼
문제

give

[giv] 기브
~을 주다

both

[bouθ] 보우쓰
둘 다, 쌍방

take

[teik] 테이크
받다, 잡다

agree
[əgríː] 어그리-
동의하다, 일치하다

phone
[foun] 포운
전화, 전화를 하다

fight
[fait] 파이트
싸우다

talk
[tɔːk] 토-크
이야기하다

chat
[ʧæt] 칻
수다

Mail 우편

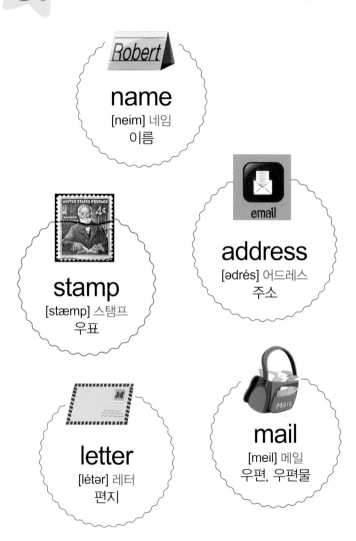

name
[neim] 네임
이름

stamp
[stæmp] 스탬프
우표

address
[ədrés] 어드레스
주소

letter
[létər] 레터
편지

mail
[meil] 메일
우편, 우편물

parcel
[pάːrsəl] 파—설
소포

pack
[pæk] 팩
포장하다, 싸다

send
[send] 센드
~을 보내다

deliver
[dilívər] 딜리버
배달하다

receive
[risíːv] 리시—브
~을 받다

5~6학년

181

Lesson 수업

idea
[aidíːə] 아이디-어
생각, 의견

word
[wəːrd] 워-드
낱말, 단어

sentence
[séntəns] 센턴스
문장

story
[stɔ́ːri] 스토-리
이야기

ask
[æsk] 애스크
묻다, 질문하다

answer
[ǽnsər] 앤서
대답, 대답하다

spell
[spel] 스펠
철자를 쓰다

repeat
[ripíːt] 리피-트
반복하다

practice
[prǽktis] 프랙티스
연습, ~을 연습하다

understand
[ʌ́ndərstǽnd] 언더스탠드
~을 이해하다

5~6 학년

account
[əkáunt] 어카운트
계좌

gold
[gould] 고울드
금, 금의

money
[mʌ́ni] 머니
돈

rich
[ritʃ] 리취
부자의, 부유한

silver
[sílvər] 실버
은, 은의

poor
[puər] 푸어
가난한

count
[kaunt] 카운트
세다

exchange
[ikstʃéindʒ] 익스체인지
교환하다

borrow
[bɔ́(ː)rou] 버-로우
~을 빌리다, 차용하다

save
[seiv] 세이브
~을 저축하다, 구하다

card
[kɑːrd] 카―드
카드

party
[pɑ́ːrti] 파―티
파티

birthday
[bə́ːrədèi] 버―쓰데이
생일, 탄생일

anniversary
[æ̀nəvə́ːrsəri] 애너버―서리
기념일

concert
[kɑ́nsəːrt] 칸서―트
콘서트

festival
[féstəvəl] 페스터벌
축제

show
[ʃou] 쇼우
보여주다, 쇼

welcome
[wélkəm] 웰컴
환영하다

marry
[mǽri] 매리
~와 결혼하다

please
[pliːz] 플리-즈
기쁘게 하다

5~6 학년

Quantity 수량

all
[ɔːl] 올—
모두, 전부

most
[moust] 모우스트
대부분의, 대부분

many
[méni] 메니
(수)가 많은

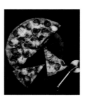

much
[mʌtʃ] 머취
(양)이 많은

few
[fjuː] 퓨—
(수)가 거의 없는

little

[lítl] 리틀
(양)이 거의 없는, 작은

half
[hæf] 해프
반, 2분의 1

enough
[ináf] 이너프
충분한

empty
[émpti] 엠프티
빈, 비어 있는

fill
[fil] 필
~을 채우다

who?

who
[huː] 후ー
누구

when?

when
[hwen] ㅎ웬
언제

where?

where
[hwɛər] ㅎ웨어
어디

what?

what
[hwat] ㅎ왙
무엇

how?

how
[hau] 하우
얼마나, 어떻게

why
[hwai] ㅎ와이
왜

always
[ɔ́ːlweiz] 올-웨이즈
늘, 언제나, 항상

usually
[júːʒuəli] 유-주얼리
대채, 일반적으로

often
[ɔ́ːftn] 오-픈
자주, 종종

sometimes
[sʌ́mtàimz] 썸타임즈
때때로

build
[bild] 빌드
짓다, 건축하다

cover
[kʌ́vər] 커버
~을 가리다, 덮다

cross
[krɔːs] 크로-스
~을 건너다

excuse
[ikskjúːz] 익스큐-즈
용서하다

join
[dʒɔin] 조인
참여하다, 가입하다

cry

[krai] 크라이
울다, 외치다

spend
[spend] 스펜드
~을 쓰다, 소비하다

chase
[tʃeis] 체이스
뒤쫓다

win
[win] 윈
이기다, 승리하다

lose
[luːz] 루-즈
지다, 잃다

5~6 학년

재미있는 영단어 게임

A 단어의 첫 알파벳을 대문자와 소문자를 써 보세요.

❶   ❷   ❸   ❹

B 쥐가 치즈를 먹으러 가요. 가는 길에 빠진 알파벳 글자를 쓰세요.

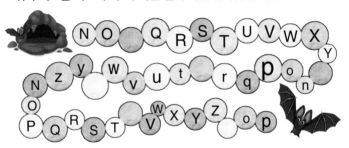

C 다음 그림을 보고 빈칸과 단어를 올바르게 연결하세요.

요트 ACHYT

부록

한글을 영어로

한글 모음을 알파벳으로 표기하면…

ㅏ	ㅑ	ㅐ	ㅒ	ㅓ	ㅕ	ㅔ	ㅖ
a	ya	ae	yae	eo	yeo	e	ye
ㅗ	ㅘ	ㅚ	ㅙ	ㅛ	ㅜ	ㅟ	ㅝ
o	wa	oe	wae	yo	u	wi	wo
ㅞ	ㅠ	ㅡ	ㅣ	ㅢ			
we	yu	eu	i	ui			

한글 자음을 알파벳으로 표기하면…

ㄱ	ㄲ	ㅋ	ㄷ	ㄸ	ㅌ	ㅂ	ㅃ
g/k	kk	k	d/t	tt	t	b/p	pp
ㅍ	ㅈ	ㅉ	ㅊ	ㅅ	ㅆ	ㅎ	ㅁ
p	j	jj	ch	s	ss	h	m
ㄴ	ㅇ	ㄹ					
n	ng	r/l					

가	갸	거	겨	고	교	구	규	그	기
ga	gya	geo	gyeo	go	gyo	gu	gyu	geu	gi
나	냐	너	녀	노	뇨	누	뉴	느	니
na	nya	neo	nyeo	no	nyo	nu	nyu	neu	ni
다	댜	더	뎌	도	됴	두	듀	드	디
da	dya	deo	dyeo	do	dyo	du	dyu	deu	di
라	랴	러	려	로	료	루	류	르	리
la	lya	leo	lyeo	lo	lyo	lu	lyu	leu	li
마	먀	머	며	모	묘	무	뮤	므	미
ma	mya	meo	myeo	mo	myo	mu	myu	meu	mi
바	뱌	버	벼	보	뵤	부	뷰	브	비
ba	bya	beo	byeo	bo	byo	bu	byu	beu	bi
사	샤	서	셔	소	쇼	수	슈	스	시
sa	sya	seo	syeo	so	syo	su	syu	seu	si
아	야	어	여	오	요	우	유	으	이
a	ya	eo	yeo	o	yo	u	yu	eu	i
자	쟈	저	져	조	죠	주	쥬	즈	지
ja	jya	jeo	jyeo	jo	jyo	ju	jyu	jeu	ji
차	챠	처	쳐	초	쵸	추	츄	츠	치
cha	chya	cheo	chyeo	cho	chyo	chu	chyu	cheu	chi
카	캬	커	켜	코	쿄	쿠	큐	크	키
ka	kya	keo	kyeo	ko	kyo	ku	kyu	keu	ki
타	탸	터	텨	토	툐	투	튜	트	티
ta	tya	teo	tyeo	to	tyo	tu	tyu	teu	ti
파	퍄	퍼	펴	포	표	푸	퓨	프	피
pa	pya	peo	pyeo	po	pyo	pu	pyu	peu	pi
하	햐	허	혀	호	효	후	휴	흐	히
ha	hya	heo	hyeo	ho	hyo	hu	hyu	heu	hi

찾아보기

C

N

O